FINANCES PUBLIQUES

LIEN ENTRE DETTE PUBLIQUE ET DEVELOPPEMENT ECONOMIQUE

TABLE DES MATIERES

GLOSSAIRE

- <u>Conjoncture</u> : situation résultant de l'ensemble des opérations se déroulant entre agents économiques dans la courte période et dans un espace donné ;
- <u>Crédit</u> : opération qui permet au débiteur de différer son paiement ou qui permet à un agent de disposer pendant un certain temps de fonds qui sont mis à sa disposition par un autre agent ;
- <u>Déficit public</u> : résultat de l'écart entre les dépenses (d'une valeur plus élevé) et les recettes (d'un montant insuffisant) de l'ensemble des administrations publiques. On le distingue alors du déficit budgétaire propre à l'Etat ;
- <u>Prêt concessionnel</u> : prêts assortis d'élément don, ils offrent certaines avantages à l'emprunteur comme un taux d'intérêt faible voire nul ou une exonération temporaire des remboursements ;
- <u>Rééchelonnement</u> : procédure par laquelle les créanciers accordent

au débiteur le droit d'étaler dans le temps le remboursement de la dette ;
-       Répudiation de la dette : refus de reconnaitre ou de payer une dette ;
-       Restructuration   :   ou réaménagement de la dette consiste à revoir les conditions d'octroi du prêt (le taux d'intérêt par exemple) ;
-       Solvabilité   :   capacité financière d'un agent économique à rembourser ses créanciers.

LISTE DES ABREVIATIONS

-       **APD :** Aide Publique au Développement
-       **BM** : Banque Mondiale
-       **FMI**:   Fond   Monétaire International
-       **IDE :** Investissement Direct Etranger
-       **INSTAT** : Institut Nationale de la Statistique
-       **MFB :** Ministère des Finances et du Budget

- **OCDE :** Organisation sur le Commerce et le Développement
- **PD :** Pays Développés
- **PED :** Pays En Voie de Développement
- **UEMOA :** Union Economique et Monétaire Ouest Africain

INTRODUCTION

Comme Joseph Schumpeter (1833-1950) le constatait *«ce sont les besoins financiers qui ont été à l'origine de l'Etat»*[1]. L'organisation des finances fut et demeure toujours une des préoccupations majeures des pouvoirs politiques. Les finances publiques manifestent en effet la puissance de l'Etat, elles lui permettent de répondre aux besoins de la population. Celle-ci accepte le gouvernement si elle estime qu'il remplit bien sa fonction. C'est ainsi que le déficit public devient un problème pour les dirigeants : il menace leurs légitimités donc il faut le combler. Le problème politique devient économique : le

---

1 SCHUMPETER J., « La crise de l'Etat fiscal », in *Impérialisme et classes sociales*, Minuit, 1972, cité par BOUVIER Michel, « La sécurité sociale et les finances publiques », *LGDJ-Lextenso éditions*, *RFFP* n°115, Novembre 2011, disponible en ligne sur http://www.fondafip.org/c_5_211_La_rev ue.html?num=115, consulté le 20/08/16

développement économique est un enjeu majeur pour tout gouvernement qui cherche la reconnaissance aussi bien de son peuple que celle des partenaires internationaux, ce développement ne peut évidemment pas se faire dans un contexte de déficit systémique. Mais comment faire? L'Etat dispose des ressources fiscales (impôts, taxes et divers droits) et non fiscales (revenus du domaine, redevances, intérêts de placement). Mais vu l'ampleur des dépenses nécessaires pour satisfaire les besoins croissants de la société, surtout depuis la Première Guerre Mondiale (1914-1918), début de l'époque moderne en finances publiques, où les besoins de financement des actions d'un Etat de plus en plus interventionniste ne cessent de croître[2], ces ressources ne suffisent plus ; Certes il y a l'option d'augmenter la pression fiscale mais la mesure est tellement impopulaire que la plupart des décideurs politiques s'y abstiennent. Les gouvernements sont contraints de recourir aux emprunts. Dans ce

---

2 Cf. ALBERT Jean-Luc, SAIDJ Luc, *Finances Publiques*, Dalloz, 6è édition, 2009, pp.183-187

cas, il y a les moyens de financement internes que sont les émissions de titre et des bons de trésor, toutefois ce recours posent problème du fait que l'initiative publique évince l'initiative privée : les entreprises productrices manquent de financement vu qu'elles sont concurrencées par l'administration. Pour éviter cela l'Etat n'a plus le choix que de se tourner vers les financements extérieurs. Il est question de dette publique extérieure. Pour simplifier, dans ce devoir, la dette publique sans autre précision représentera la dette publique extérieure.

La dette publique a pris une importance considérable depuis les années soixante-dix lorsque les pays nouvellement indépendant y recouraient pour financer des grands projets de développement.
Le problème se pose dès lors que la dette publique est trop élevée, c'est la crise de la dette. En effet, le pays recours systématiquement à l'emprunt pour rembourser d'autres emprunts, il y a insolvabilité de l'Etat : les créanciers n'accordent plus leur confiance, il y a détérioration des relations économiques. On

arrive même à des stades où la situation est telle que le débiteur se déclare lui-même en incapacité d'honorer ses engagements ; c'était le cas du Mexique en 1982 lorsqu'il se déclarait en cessation de paiement. Un exemple que bon nombre de pays emprunteur vont imiter. De plus, l'endettement n'ayant pas eu des retombées palpables sur le bien-être de la population, elle perçoit son remboursement comme un fardeau injuste. C'est pour toutes ces raisons que l'endettement excessif est incriminé aussi bien par les opposants au pouvoir que par les organismes internationaux. Dans cette optique, les institutions de Bretton Woods (la FMI et la Banque Mondiale) ont imposé aux pays en grande difficulté économique des Programmes d'Ajustement Structurel (PAS) vers les années quatre-vingt. Ces programmes visent à aider ces pays dans la réduction de leurs dettes en imposant diverses mesures de réforme telles que la libéralisation des échanges, la privatisation des entreprises d'Etat, la diminution des dépenses publiques. Mais il faut dire que cette conception dominante, essentiellement libérale, de la dette publique ne fait pas l'unanimité et que le débat théorique autour du sujet n'est pas clos. En effet, pour J. M. KEYNES et ses disciples la dette publique n'est pas un problème, c'est même nécessaire pour relancer l'économie. Le financement des dépenses publiques serait porteur de croissance. Cette théorie retient l'attention quand on observe le cas de certains pays développés comme les Etats-Unis (le niveau de la dette fédérale a dépassé les 100% du produit intérieur brute en 2011 selon l'estimation du FMI)[3] ou le Japon (depuis 1999, sa dette dépasse largement les 100% du PIB). D'où une question évidente : quelle est réellement la nature de la dette publique, est-ce un moteur ou un frein au développement ? Le sujet est classique, diverses analyses ont été entreprises dans ce domaine. La majorité de ces travaux ont abouti à la même conclusion : la dette n'est plus un simple

---

3 « Dette USA : une catastrophe annoncée », *Le Figaro*, 26/02/2012 disponible sur http://www.lefigaro.fr/flash-eco/2012/02/26/97002-20120226FILWWW00042-dette-usa-unecatastrophe-annoncee.php, consulté le 20/08/16

instrument de politique économique, on s'y intéresse aussi et surtout parce que c'est une réalité incontournable qui s'impose à chaque Etat aussi bien développé qu'en voie de développement.

Le problème n'est plus de savoir si c'est un frein ou un moteur au développement mais plutôt de déterminer comment doit-on la gérer pour permettre le développement? Y répondre est l'objet de ce mémoire ; essayer d'apporter une contribution, aussi modeste soit-elle, dans l'amélioration des connaissances disponibles en la matière. On veut déterminer les conditions dans lesquelles un endettement extérieur ne porte pas atteinte au développement économique d'un pays.

Pour mener ce travail, on pose l'hypothèse comme quoi la structure économique de chaque pays détermine le rôle de la dette publique dans le développement, qu'ainsi le cas des pays développés et des pays en développement n'est pas semblable même si on y observe aussi bien dans les uns que dans les autres un niveau élevé de la dette publique. On suppose plus particulièrement pour les pays en voie de développement que les charges de la dette sont sources d'une dépendance vis-à-vis du prêteur réduisant ainsi l'initiative de leur gouvernement dans l'élaboration des politiques de développement.

On parlera donc de l'approche théorique de la dette publique et du développement (Partie 1) qu'on confrontera avec la réalité dans une analyse empirique (Partie 2).

Une telle étude est nécessaire pour comprendre la réalité de notre société, de relever la partie théorique applicable ou non dans la pratique. On veut saisir la raison pour laquelle la dette malgré son incrimination depuis toujours subsiste dans presque toutes les économies du monde. On veut également découvrir le mécanisme qui fait que certains pays s'en sorte et d'autres non.

Le problème de la dette n'est pas nouveau, il attire l'attention des acteurs internationaux et des analystes économiques depuis maintenant plus d'un demi-siècle mais on ne saurait dire que tout soit dit sur le sujet. On ne peut nier l'abondance des études menées sur le thème mais cette abondance risque de porter à confusion alors qu'il ne faut pas se perdre dans les divers aspects détaillés du problème, des synthèses et des explications concises des actions à entreprendre sont avancées par les théoriciens, il suffit de les étudier avec attention et choisir la proposition qui convient le plus à la conjoncture économique.

Pour y arriver, il faut procéder à des collectes de données mais vu l'insuffisance de temps et de moyens on privilégiera les données secondaires. Ne pouvant pas faire des descentes sur terrain, des enquêtes ou des entretiens on va se servir des données issues des rapports établis par les établissements spécialisés dans le domaine (essentiellement ceux de la FMI et de la Banque Mondiale), des données de l'INSTAT, des rapports du ministère des finances et du budget ainsi que des publications de revues et de journaux spécialisés pour rappeler que la question est toujours d'actualité.

Une fois les données en main, on procède à leur analyse. On va donc faire des études descriptives et comparatives du sujet.

Une description des diverses théories traitant de la question sera nécessaire, on passera en revue toutes les opinions et les explications émises par les divers auteurs. Ceci va faciliter l'introduction de notre modeste apport mais sera insuffisant pour un véritable travail méthodologique. C'est pourquoi une étude comparative s'impose.

Une comparaison des diverses connaissances disponibles permettra de relever les apports et les limites de chaque théorie. Ceci est nécessaire pour ne pas tomber dans le piège d'un sentiment d'appartenance à tel ou tel courant de pensée, pour garder une neutralité et une objectivité propre à un devoir scientifique.

Dans la tendance actuelle, et dans de nombreux ouvrages on constatera une approche normative-instrumentale : les auteurs émettent des propositions et des recommandations aux pouvoirs publics après avoir relevé les avantages et les inconvénients de chaque option. Dans ce devoir, on essaiera de proposer quelque chose en guise de conclusion de tout ce que l'on va avancer. Toutefois, on ne veut pas empiéter sur les compétences des pouvoirs politiques, c'est aux décideurs politiques que reviennent la tâche de choisir l'option qu'ils considéreront comme le moins préjudiciable aux intérêts publics.

PARTIE 1 : APPROCHE THEORIQUE DE LA DETTE PUBLIQUE ET DU DEVELOPPEMENT

Malgré l'abondance des travaux et littératures portant sur la dette publique et le développement, des précisions restent à faire. Il n'y a pas de définition unanime et universelle aussi bien pour la dette publique que pour le développement économique.

La dette publique est difficile à cerner aussi bien en termes de terminologie qu'en termes de mesure. Dans cette optique, diverses questions ont été posées : la dette publique est-elle la dette de l'Etat ou de l'administration ? Est-ce un flux ou un stock ? Par rapport à quoi mesure-t-on le poids de la dette dans une économie ?

C'est pour répondre à ces questions que le premier chapitre a été consacré à une délimitation de la notion (Chapitre 1). Mais un phénomène économique pris dans son individualité ne pourrait constituer une analyse objective, on doit le placer dans un cadre, chercher sa relation avec d'autres phénomènes économiques. Ainsi, on a axé ce travail dans la recherche et la détermination du lien qu'il y a entre dette publique et développement économique. Certes, on aurait pu choisir le lien dette et croissance économique mais le domaine d'étude serait assez restreint. En effet, comme le souligne François PERROUX « le développement englobe et soutient la croissance[4].

L'intérêt que les économistes accordaient au phénomène de l'endettement s'est révélé avec la crise de la dette des années quatre-vingt mais même si les problèmes de la dette d'aujourd'hui sont moins graves qu'à l'époque, cet intérêt n'a pas pour autant disparu. Et parmi les sujets portant sur l'endettement, celui concernant les pays en voie de développement a pris une importance considérable. Renforcé par les initiatives internationales pour résoudre les problèmes

---

4 BEITONE A., CAZORLA A., DOLLO C., DRAI A.-M., *Dictionnaire des sciences économiques*, Armand Colin, Paris, 2001, p.11O

de la dette, l'engouement des auteurs pour la dette publique et le développement n'a cessé de croître. Aussi, on ne peut pas en faire abstraction d'où le second chapitre portant sur le lien entre la dette publique et le processus de développement (Chapitre 2).

CHAPITRE 1 : DELIMITATION DE LA NOTION DE DETTE PUBLIQUE

Se trouvant parmi les principales ressources de financement des politiques économiques d'un pays, la dette publique n'est pas négligeable. Mais qu'entend-on par dette publique ? Cette question est essentielle puisque la terminologie est un indice pour la compréhension. Ainsi, il importe de préciser la nature de la dette publique et en tirer une définition. On verra évidemment diverses opinions mais pour organiser nos connaissances et pour ne pas se perdre dans le multiple, on avancera une classification (Section 1).

Mais la notion de dette publique ne se suffit pas à elle-même, elle fait intervenir d'autres concepts tout aussi importants. En effet, la dette fait intervenir au moins deux acteurs : le créancier et le débiteur. L'analyse du comportement de chaque partie aide à la compréhension du mécanisme de l'endettement. C'est dans ce cadre que la deuxième section de devoir va porter sur les concepts liés à la dette publique (Section 2).

SECTION 1 : DEFINITION, NATURE ET CLASSIFICATION DE LA DETTE PUBLIQUE

C'est à travers la nature de la dette publique qu'on saisit le mieux son sens (A). Mais vu les connaissances infinies sur le sujet, il est préférables d'englober l'essentiel dans une classification(B).

A- Définition et nature de la dette publique

On entend par dette publique *« la somme des engagements d'emprunt intérieur et extérieur des organismes publics »*[5]. Cette définition assez simpliste présente un double inconvénient en ce qu'elle ne rend pas compte de la diversité et de la particularité des dettes publiques.
 Particulière en ce que les sommes dont on parle touchent à la fois le domaine des stocks et celui des flux.

---

[5] Article 1er de la loi n°2014-012 malgache régissant la dette publique et la dette garantie par le Gouvernement central

Les stocks expriment la situation d'un agrégat à une date donnée, l'endettement se présente donc comme un « *stock d'obligations aux échéances diverses* »[6] qui à l'instar de la monnaie devient une composante fondamentale de la structure des actifs de l'économie. La dette publique se présente comme étant la somme à payer résultant des déficits publics. Les déficits ici sont des flux dû à la différence entre recettes et dépense, contrairement aux excédents, ils augmentent le stock de la dette. A noter cependant que le déficit public se distingue du déficit budgétaire. Ce dernier se limite à l'Etat alors que le premier concerne l'ensemble des administrations publiques.

Mais la dette publique prend également « *une dimension de flux dans la mesure où il implique le paiement du service de la dette* »[7] . Ce dernier représente les sommes versées à la fois au titre des intérêts et du principal, s'il est effectif, s'y ajoutent les pénalités de retard.

---

6 Elias GANNAGE, *Economie de l'endettement internationale*, théories et politiques, PUF, 1994, p.6

7 *Ibid.*

L'importance des intérêts dus est déterminante du montant de la charge publique. Leurs paiements exigent un *cash-flow*[8] plus ou moins régulier à verser.

Diverses en ce qu'on peut en relever différentes catégories et en tirer plusieurs classifications en fonction du critère retenu.

B- Classification de la dette publique

Elias GANNAGE propose trois types de classification :

-Selon les catégories de créanciers :

Pour la dette publique interne, « les principaux détenteurs de l'encours de la dette publique interne sont le Gouvernement aux différents échelons de responsabilité, les autorités monétaires, les banques de dépôt, ainsi que les autres institutions financières telles que les compagnies d'assurance et les fonds de pension, les entreprises publiques ou même des entreprises du secteur privé, les ménages

---

8 Ou Marge Brute d'autofinancement se compose pour une entreprise du bénéfice net avant impôt, des amortissements et de certaines provisions.

souvent détenteurs de titres de dette publique »[9].

Pour ce qui est de la dette extérieure, les principaux fournisseurs sont les Gouvernements étrangers et les institutions internationales de développement, sans oublier les offreurs de crédit qu'il s'agisse de banques de dépôt ou d'autres organes institutionnels.

Bref, on parle de dette publique interne quand le créancier est un résident d'une économie (c'est-à-dire exerçant son activité sur le territoire d'un pays) donnée et de dette publique extérieure quand les ressources viennent des acteurs étrangers ; -Selon les catégories d'instrument :

Cette classification se fonde sur l'échéance des titres émis. On différencie ainsi les bons à long terme des bons à court terme, les prêts à long terme des prêts à court termes ; -Selon les sources de financement :

---

9 Elias GANNAGE, *Economie de l'endettement internationale*, théories et politiques, PUF, 1994, p.08

La distinction entre emprunt interne et emprunt externe reste la plus acceptable, toutefois, « *sur le plan de l'emprunt interne, ses effets seront différents suivant les sources de financement. Des emprunts, obtenus de prêteurs qui auraient pu utiliser les fonds pour d'autres buts (investissement privé par exemple) réduisent les droits à ces ressources et entrainent une politique non expansionniste* »[10]. Ce qui fait que l'utilisation de la dette est influencée par la volonté du prêteur, la classification de la dette selon le type de prêteur s'avère donc indispensable. On parle de conditionnalité, de la capacité d'endettement des emprunteurs et de l'offre de financement par les prêteurs. Autant de concepts reliés à la notion de dette publique qu'on ne peut ignorer.

SECTION 2 : CONCEPTS LIES A LA DETTE PUBLIQUE

Pour l'accord d'un prêt, les créanciers observent certaines conditions notamment la capacité d'endettement de l'emprunteur (A)

---

10 *Ibid.,* p.09

mais également certaines caractéristiques de l'offre de crédit (B).

A- La capacité d'endettement de l'emprunteur

Elle est susceptible de deux acceptions :
- Elle renvoie tout d'abord à la notion de soutenabilité. Contrairement à la solvabilité qui fait référence à la capacité d'annuler la dette, un critère peu opérant pour le créancier dans la mesure où ce moment lors duquel l'emprunteur devient créditeur net est assez éloigné, la soutenabilité consiste non plus à rembourser l'intégralité de la dette mais à assurer seulement le paiement des intérêts, ce qui permet au pays de continuer à recevoir des financements extérieurs[11].
La soutenabilité de la dette publique implique qu'un pays peut recourir à l'emprunt s'il constate que sa capacité à rembourser la dette à long terme n'est pas entamée.

---

11 RAFFINOT Marc, *Soutenabilité de la dette extérieure : De la théorie aux modèles d'évaluation pour les pays à faible revenu*, DT/98/01, p.5

- Mais une seconde acception est apparue dans les années quatre-vingt : celle de la *solvabilité comme résultat d'un calcul d'optimisation des agents*[12] : le remboursement de la dette est analysé comme le résultat d'une volonté de payer correspondant à la maximisation de son intérêt par le débiteur, en l'absence de toute possibilité de saisie de garanties par le créancier. On ne s'intéresse plus aux moyens dont le pays dispose pour rembourser l'intérêt ou l'intégralité de la dette, on tient seulement compte de l'intérêt du pays à rembourser. Cette approche a débouché sur la thèse du surendettement : les économies très endettées n'ont plus intérêt à emprunter pour investir puisque la plus grande part de la productivité marginale qui en sera dégagée sera saisie par son créancier. La volonté de rembourser qui détermine la capacité de remboursement d'un emprunteur dépend donc de sa capacité à faire fructifier l'investissement : il faut que la productivité marginale de l'investissement soit largement supérieure au montant du service de la dette.

---

12 *Ibid.* p.7

Mais tout aussi important que soit les comportements de l'emprunteur ; ils ne sont insuffisans pour que le créancier accorde un prêt. Ce dernier prend également en compte certaines caractéristiques de l'offre de crédit.

B- Caractéristiques de l'offre de crédit

On fait référence ici à la loi de l'offre et de la demande. Il faut noter que la logique du crédit est différente de celle de l'endettement traditionnel. Les crédits sont surtout l'apanage des institutions financières notamment les banques, ils sont caractérisés par leur nature contractuelle : les conditions de coût de remboursement, le calendrier et la durée sont convenus initialement. Au cas où les termes du contrat ne sont pas respectés, il y a rupture réelle : arrêt brutal des relations économiques et financières.
Comme la plupart des marchés, celui des crédits présente des imperfections notamment dominé par une information partielle et sujette au risque de défaut. Contrairement au crédit domestique, les emprunteurs internationaux peuvent en effet répudier leurs dettes, il y a donc effets du risque moral sur le

comportement des prêteurs. L'offre de crédit n'est donc plus une simple fonction croissante du taux d'intérêt appliqué à l'endettement car on y incorpore également les situations d'incertitude. Du fait de ces incertitudes exprimant une information incomplète, il arrive que les banques internationales accordent d'importantes sommes aux pays en développement incapables de rembourser, mettant ainsi en danger le fonctionnement du système financier international. En effet, par le mécanisme de la sélection adverse, Stiglitz et Weiss montre que « *les banques fixent des taux d'intérêts assez élevés pour se couvrir contre le risque de tomber sur des mauvais emprunteurs* »[13] mais cela fait fuir les bons emprunteurs et seuls des débiteurs défaillants recourent au marché puisque leurs demandes présente une élasticité assez faible. Il existe bien évidemment des sanctions mais leurs résultats ne sont pas connus à l'avance. Ainsi,

---

13 MONTOUSSE Marc, « *Nouvelles théories économiques* », Collection thèmes et débats, Bréal, 2003, p.37

si la pénalité revêt la forme d'un embargo[14], la sanction sera proportionnelle au prix du bien importable. L'efficacité de la sanction sera donc fonction de la faiblesse de la production locale et des besoins du pays en importation, ce qui est difficile à déterminer avec précision. Pareillement, si la pénalité consistait à l'exclusion de tout emprunt futur pour le pays défaillant sur plusieurs périodes, l'efficacité de la sanction dépendra de l'importance que les autorités responsables attacheront au futur, ce qui est encore difficile à déterminer vu la connotation politique et électorale d'un tel comportement.

L'imperfection des informations se retrouve également dans le fait que « *le total de l'encours courant de la dette d'un emprunteur est formé de prêts accordés par différents prêteurs où chacun d'entre eux*

---

14 Synonyme de boycottage, il désigne l'interdiction totale ou partielle des importations et exportations en provenance et à destination de certains Etats (BELTONE A., CAZORIA A., DOLLO C., DRAI A-M., *Dictionnaire des sciences économiques,* Armand Colin, 2001, p.166)

Bref, les créanciers ne peuvent pas anticiper le comportement de l'emprunteur : paiement ou défaut de paiement vu l'imperfection des informations, ils offrent des crédits avec des taux d'intérêt plus élevés mais le problème est que la hausse du taux d'intérêt rend de plus en plus insolvable le débiteur d'où la crise de la dette. La majorité des débiteurs défaillants ne peuvent plus recourir au marché financier international et ceci entraine la mise en difficulté des institutions financières. Il y a donc substitution des crédits obtenus sur le marché financier par les aides publiques au développement offerts par les institutions financières internationales. On introduit ici la relation entre dettes publiques et développement.

---

15 Elias GANNAGE, op. cit. p.106

CHAPITRE 2 : RELATION ENTRE DETTES PUBLIQUES ET DEVELOPPEMENT

En revoyant la multitude de littérature économique portant sur la dette publique on ne peut pas ignorer le débat traditionnel sur l'opportunité ou non de recourir à l'emprunt (Section 1). Ce débat oppose la conception classique de la dette et sa conception keynésienne. Mais la science économique en tant que science de la société est toujours en perpétuelle évolution.

 Ainsi, le centre d'attention des économistes concernant l'endettement a évolué : on ne s'intéresse plus désormais à l'opportunité ou non de la dette publique. En effet, la majorité des analystes conclut que d'un instrument de politique économique, le recours à l'endettement constitue désormais un phénomène réel et inévitable pour toute économie. On se demande maintenant comment on doit s'en servir pour aboutir au développement économique (Section 2).

SECTION 1 : DEBAT THEORIQUE
TRADITIONNEL SUR L'OPPORTUNITE
DE LA DETTE PUBLIQUE

On fait face ici à l'opposition idéologique entre école néo-classique et école keynésienne (A). Leurs positions ont mis en avant des arguments en faveur et en défaveur (B) du recours à l'emprunt.

A- Contradiction entre théorie classique et théorie keynésienne

Représentée par Adam SMITH, David RICARDO ou encore Stuart MILL, la théorie classique prône l'équilibre automatique par le jeu du marché. Ils sont de ce fait opposés à l'interventionnisme étatique et insistent sur le rôle d'un Etat gendarme : garantir la stabilité de l'environnement économique et le respect des droits de propriétés. *« La gestion du budget publique est assimilée à la gestion d'un ménage privé : on ne doit dépenser que ce que l'on a sous peine d'être en faillite »*

[16].On retrouve ici la position classique qui explique un phénomène macroéconomique par des mécanismes microéconomiques. L'emprunt est donc à proscrire car il permet à l'Etat de dépenser plus que ce qui lui est nécessaire pour assurer son rôle de gendarme. Cette doctrine classique a été remise en cause par J. M. Keynes en 1936 avec l'apparition de son ouvrage « *Théorie général de l'Emploi, de l'Intérêt et de la Monnaie* » qui annonce une rupture quant au rôle de l'Etat. Le marché étant défaillant, il n'assure pas le plein emploi, l'intervention de l'Etat est nécessaire pour réduire les fluctuations économiques et promouvoir une croissance équilibrée. Le budget public devient dès lors un stabilisateur conjoncturel dans l'économie nationale. En

---

16 *Introduction aux Finances Publiques*, 2007, p.6 (PDF) disponible sur http://www.google.mg/url?q=http://www.uni fr.ch/finpub/assets/files/IntoFinPub/Chapitre 13.pdf&s a=U&ved=0ahUKEwjvi66gh7zPAhVM4GM KHb7TACcQFggLMAA&usg=AFQjCNGN BNt7h4yCD0zToaEQ Hakz8kfFag , consulté le 02/10/16

période de récession, la demande effective est insuffisante, pour la relancer, l'Etat peut soit augmenter les dépenses publiques soit diminuer les impositions fiscales. Et inversement, en période de surchauffe, il faut freiner la demande effective soit par diminution des dépenses soit par augmentation des impositions. L'endettement est donc devenu un instrument qui permet d'atteindre l'équilibre macroéconomique.

B- Les arguments en faveur et en défaveur du recours à l'emprunt

Pour l'école classique et son héritière : l'école du *Public Choice*, l'endettement public représente un coût réel pour la génération présente mais également pour la génération future.

L'emprunt induit en effet un phénomène d'illusion fiscale pour la génération présente : pour transférer les ressources privées vers le secteur public, l'Etat a le choix entre l'impôt et taxe, l'emprunt ou la création monétaire afin de financer les services collectifs. Contrairement à l'impôt où le contribuable est conscient du coût de l'augmentation d'un service public, l'emprunt est un transfert implicite, décalé dans le temps et non précisé qui entraine une déresponsabilisation du citoyen et donc une gestion non rationnelle du financement par les gouvernants.

Il constitue par ailleurs une charge pour la génération future qui doit rembourser par l'impôt les intérêts et les amortissements d'une dette pour laquelle elle n'a pas bénéficié des retombées de son utilisation. C'est surtout le cas de « *la dette odieuse : un pouvoir despotique contracte une dette non pas selon les besoins et intérêts de l'Etat mais pour fortifier son régime despotique, pour réprimer la population qui le combat, cette dette est odieuse pour la population de l'Etat entier : c'est une dette de régime, dette personnelle du pouvoir qui l'a contracté (...) »*[17]. Il diminue

---

17 De ROMANET, 2007, p.44 cité par MUSIMBI MBU MISCH Michel, *La dette des pays pauvres très endettés : une menace pour la protection des droits sociaux à l'ère de la mondialisation. Etude du cas de la République Démocratique de Congo*, IHECS, DESS en Communication et Développement, Bruxelles 2006-2007, p.66

également la marge de manœuvre du gouvernement futur tenu de l'obligation contractée par son prédécesseur.

Pour les classiques donc, l'endettement public ne doit intervenir que pour faire face à des besoins exceptionnels comme la guerre. Ce qui n'est pas le cas pour la théorie keynésienne.

Pour les keynésiens, l'endettement ne donne pas de coût à la génération future mais seulement à la génération présente. L'emprunt sera remboursé par l'augmentation de la richesse puisqu'il y a apparition de nouveau titre dans les portefeuilles. Pour être efficace, cette théorie exige que les produits d'endettement soient consacrés aux dépenses d'investissement.

Mais cet argument en faveur du recours à l'emprunt pour financer les dépenses d'investissement se heurte encore à des problèmes d'application. Il repose en effet sur l'hypothèse de déficit et de recours à la dette en période de mauvaise conjoncture compensée par un excèdent en période de bonne conjoncture. Mais en réalité, un excèdent en période de bonne conjoncture est assez rare puisque les politiciens ne seront guère enclin à créer des surplus en augmentant les impôts ou en diminuant les dépenses.

En apparence donc, la dette publique se pose comme problème économique mais elle n'est pas mauvaise en soi, c'est son utilisation qui fait d'elle un frein ou une avantage pour l'économie d'un pays et son développement.

SECTION 2 : LA DETTE PUBLIQUE : INSTRUMENT DE DEVELOPPEMENT ECONOMIQUE ?

On s'intéresse ici au cas des pays en développement d'où l'intérêt particulier porté sur le financement international (A) qui tient une place importante dans leurs ressources. Des projets et programmes spécifiques (B) ont été élaborés en vue d'assurer le développement des pays bénéficiaires.

A- Le financement international de développement

Il peut prendre plusieurs formes mais se cadre dans le domaine de la dynamique externe de développement. *« On distingue classiquement parmi les diverses sources de financement du développement les flux privés, les flux publics* »[18].

Les flux privés comportent ceux liés aux prêts bancaires, aux emprunts sur les marchés et à l'investissement direct étranger. Pour les banques commerciales, l'objectif n'est pas la diminution de l'encours, au contraire, l'idéal serait une dette perpétuelle avec remboursement régulier des intérêts. Mais dans ce domaine, il y a prédominance des grandes banques par rapport à celles de petite taille. En effet, en cas de crise, l'intérêt collectif est de continuer à prêter pour que le débiteur puisse passer le cap difficile et continuer à assurer le service de sa dette future[19]. Quant aux Investissements Directs Etrangers (IDE), ils proviennent des grandes entreprises étrangères : les Firmes Multinationales (FMN). Elles détiennent des créances vis-àvis du pays d'accueil par le biais de leurs filiales mais vu la relation hiérarchique entre les deux entités il n'y a pas réellement de problème.

Le plus connu des créanciers privés est le club de Londres. Il s'agit de comités consultatifs agissant pour le compte des banques commerciaux. Il est reconnu pour les négociations de rééchelonnement. Mais les rééchelonnements ne portent que sur le principal, en principe les intérêts doivent être versés à jour.

Pour les flux publics, ils impliquent les Etats qui sont créanciers par le financement public bilatéral et indirectement par leur implication dans des organismes multilatéraux de financement du développement. Le Fonds Monétaire International (FMI) et la Banque Mondiale (BM) occupent dans ce domaine une place à part : ces organisations internationales ont réussi à faire admettre que leurs créances présentent un caractère privilégié. Leurs rôles sont assez complexes puisqu'elles doivent à la fois assurer la solvabilité des économies en crise et favoriser leurs développements. Le prêt effectué par le FMI n'est pas très important mais c'est une garantie pour les autres créanciers de la solvabilité du pays. Un autre créancier public est le club de Paris : il s'agit d'un groupe intergouvernemental ; il peut rééchelonner le principal mais également les intérêts et les arriérées de paiement avec la fixation des délais et du taux de remboursement en réunion des pays débiteurs et créanciers. Lorsque l'accord est signé, des accords bilatéraux sont réalisés avec chacun des créanciers, ces accords doivent respecter le principe de non-discrimination entre créanciers. Mais rien n'interdit à chaque créancier d'accorder des conditions plus favorables que celles décidées par le club.

Ces flux, qu'ils soient publics ou privés se cadre tous dans le domaine de la dynamique externe de développement. L'analyse de la dynamique externe du développement, privilégiant le commerce extérieur et le financement international a été traité par **Patrick GUILLAUMONT** dans son œuvre « économie du développement », volume 3 paru en 1985 où il **définit le développement comme** « *le processus par lequel un pays devient ou est capable de croître de façon durable, autonome et convenablement répartie entre les groupes sociaux* » [18] et inversement le sous-développement serait

---

18 GUILLAUMONT Patrick, *Economie du développement*, Vol.3, Paris, PUF, « Thémis », 1985, p. 45 [21] RAFINNOT Marc, op. cit. , p.31

donc l'incapacité de réaliser une croissance durable, autonome et convenablement répartie.

Le lien entre financement international et croissance a été théorisé depuis le XIXe siècle par « *la théorie de la croissance transmise par les mouvements de capitaux ou théorie des stades de la balance des paiements* »[21]. Pour cette théorie, un pays peut passer du statut de débiteur à celui de nouvellement prêteur puisque la libre circulation des capitaux entraine une transmission de la croissance : il y a au début faible épargne locale donc taux d'intérêt élevé qui attire les capitaux étrangers. Ces capitaux seront investis et entraineront une croissance additionnelle. Il y aura alors augmentation du revenu et donc de l'épargne locale qui va progressivement se substituer à l'épargne extérieur. L'accroissement du revenu entrainera des revenus fiscaux additionnels pour rembourser la dette. L'accélération de la croissance va également aboutir à une augmentation des exportations permettant d'obtenir une balance commerciale excédentaire, source de devises, pour rembourser l'emprunt. Le pays importateur de capitaux pourra alors devenir exportateur dans la mesure où le taux d'intérêt baisse et il devient plus intéressant de placer ses capitaux ailleurs.

Le schéma théorique n'est resté dominante que jusqu'au milieu des années soixante. Elle a été critiquée tant du point de vue externe qu'interne. Du point de vue externe, les mouvements des capitaux ne s'orientent pas forcément en fonction de la rareté relative du capital. Du point de vue interne, le transfert de capital peut-être appauvrissant, c'est la théorie de la croissance appauvrissante : la croissance en quantité des produits exportés induit une diminution de leurs prix. Pour finir, le système est irréaliste puisqu'on ne peut imaginer que tous les pays soient des prêteurs. Mais il a toutefois le mérite d'être un cadre intéressant pour constater les mécanismes de transmission de croissance et d'identifier les problèmes liés à son fonctionnement.
S'intéressant au développement, on ne peut pas se limiter à la croissance. Il faut qu'elle soit durable, autonome et également répartie. C'est dans cette optique que des projets spécifiques de développement ont été élaborés.

B- Projets et programmes de développement

On parle ici des aides publiques au développement (APD) qui sont accompagnées d'initiatives imposées par les bailleurs.
L'Aide Publique au développement est « *l'ensemble des efforts consentis par les Etats membres de l'OCDE afin de favoriser le développement dans les pays moins avancés (PMA) et dans les pays à revenu intermédiaire (PRI), conformément aux règles du Comité d'aide au développement (CAD) de l'OCDE* »[19]. Tout prêt relevant de l'APD doit répondre à deux critères :

- Il est octroyé dans le but essentiel de favoriser le développement économique et l'amélioration du niveau de vie dans les pays en développement ;

---

19 L'AFD, *Dictionnaire du développement*, mis à jour en février 2011, disponible sur http://www.afd.fr/home/AFD/dictionnaire-developpement , consulté le 03/10/16

- Il est assorti de condition libérale et doit être concessionnel c'est-à-dire comportant un élément de libéralité ou élément don au moins égal à 25%. L'élément don est la différence entre la valeur nominale du prêt et la somme de la valeur actuelle des futurs paiements que devra effectuer l'emprunteur au titre du service de la dette. Il est exprimé en pourcentage de la valeur nominale[20]

L'élément don dépend donc du taux d'intérêt mais également du délai de la période d'amortissement, ainsi que de l'inflation. Si la valeur actualisée est élevée alors l'élément don sera faible et inversement si la valeur actualisée est faible, l'élément don sera élevé. Dans ce dernier cas de figure, le gouvernement pourra recourir à des financements autres que celui de l'OCDE (n'ayant pas ou n'ayant que peu d'élément don) car cela n'entamerait pas beaucoup l'élément don de l'ensemble des aides extérieures et donc leurs concessionnalités.

---

20 *Ibid.*

L'aide publique au développement peut prendre plusieurs formes :

- Aide projet : Elle peut prendre plusieurs formes, soit de dons accordés aux pays les plus pauvres, soit des prêts à conditions très favorables à des Etats ou entreprises avec l'aval des pays à revenu intermédiaire soit des prêts accordés à des banques et entreprises à des conditions améliorées ou à des conditions proches de celles du marché. Ces aides sont affectées à des opérations aux contours bien définis alors que les aides programmes financent des opérations plus globales. Le gouvernement possède donc une marge de manœuvre assez restreinte ;

- Aide programme ou aide budgétaire : un programme regroupe l'ensemble de projets ou d'opérations structurées en vue d'atteindre le développement. L'aide programme peut prendre plusieurs formes : soit une aide à la balance de paiement, soit une aide ou appui budgétaire (soutien à certaines dépenses budgétaires). Contrairement à l'aide projet, leur utilisation relève de la pleine initiative du gouvernement.

- L'aide liée et déliée : elle est liée lorsqu'elle ne peut être utilisée que dans la relation exclusive entre deux pays (acquisition de biens ou de services exclusivement auprès des fournisseurs appartenant au pays qui a apporté l'aide). Sinon, elle est déliée.

Ces aides ont dominé jusque dans les années quatre-vingt notamment marquées par les prêts et garanties de prêts de la Banque Mondiale à ses Etats membres. *« Mais à l'initiative de Robert Mac NAMARA, alors président de la banque mondiale, elle accorda des prêts à long terme destinés à financer des réformes structurelles de nature à soutenir un développement durable en économie ouverte. Les prêts à l'ajustement structurel furent introduits en 1980 »*[21].

---

21 DEBLOCK Christian, KAZI AOUL Samia, « La dette extérieure des pays en

La politique d'ajustement structurel (PAS) vise deux objectifs : assainir la situation financière des pays débiteurs en réduisant leurs déficits (phase de stabilisation) et redéfinir le rôle de l'Etat afin de l'insérer dans l'économie internationale (phase d'ajustement structurel).

La phase de stabilisation comporte trois réformes : réduction des dépenses publiques, contrôle de la masse monétaire et du crédit et dévaluation monétaire qui doivent aboutir à une réduction du déficit interne et améliorer la balance des paiements.

La phase d'ajustement structurel reprend les mesures de stabilisation complétées par des réformes de structure : libéralisation du marché domestique, privatisation de certaines entreprises et libéralisation du commerce extérieur.

Les buts du PAS peuvent donc se résumer en la création d'un environnement favorable aux investissements privés.

Mais « *les résultats fort souvent mitigés des programmes mis en place (programmes*

———————————————

développement », *UQAM*, 8888, Montréal, octobre 2009, p.37

d'ajustement structurel) et surtout la situation d'endettement extrême dans laquelle se trouvent les pays en développement »[22]ont amené les créanciers internationaux à procéder aux réaménagements de la dette.

Par réaménagement de la dette, on entend tout changement apporté à la dette soit par rééchelonnement, soit par refinancement.

Le rééchelonnement de la dette se définit comme un report officiel des paiements au titre du service de la dette avec application d'une nouvelle échéance alors que le refinancement quant à lui consiste à recourir à un nouveau prêt pour payer les prêts initiaux.

Le réaménagement de la dette peut également consister soit en la transformation d'un titre de créance en titre de propriété (investissement dans des ressources naturelles par exemple) soit en l'annulation ou remise de la dette (on efface toute ou partie de la dette en cours quand le créancier reconnait que la dette est devenue irrécouvrable, cas notamment du débiteur insolvable ou défaillant, quand il s'agit de débiteur privé ou garanti par la puissance publique, il y aura transfert de la

---

22 *Ibid.* p.131

charge du secteur privé vers le secteur public. On parle de rachat de la dette généralement avec décote[23].

Mais en dépit de ces mesures d'allègement de la dette pour aider les pays en développement, des pays sont confrontés à des problèmes insurmontables en raison de leur niveau de pauvreté. L'initiative en faveur des pays pauvres très endettés (IPPTE) voit donc le jour en 1999 sur proposition conjointe du Directeur général du FMI et du Président de la Banque mondiale pour qu'on accorde une remise intégrale d'une partie de leurs dettes aux pays qui le méritent. Cette initiative est fondée sur le Document de Stratégie de réduction de la pauvreté (DSRP). Les pays qui veulent bénéficier de cette initiative doivent formuler un programme spécifique de lutte contre la pauvreté. Il s'agit de réduire la pauvreté en exigeant du débiteur des résultats. La formulation de la DSRP doit se faire en

---

23 C'est-à-dire une évaluation inférieure au cours de référence (Dictionnaire de français Larousse)

trois étapes[24] : analyse des causes et des dimensions de la pauvreté, description des obstacles à la réduction de la pauvreté, propositions des politiques et objectifs prioritaires de la stratégie de lutte contre la pauvreté. Elle ne concerne qu'un petit nombre de pays très pauvres soit 42 pays et son but se limite à rendre la dette soutenable. Les bailleurs de fonds allègent donc la dette dans l'unique but de mettre fin aux arriérés et aux demandes de restructuration.

Elle a été fortement critiquée[25] sur plusieurs points :

- Elle inciterait à la course aux endettements puisque seuls les pays

---

24 MUSIMBI MBU MISCH Michel, « La dette des pays pauvres très endettés : une menace pour la protection des droits sociaux à l'ère de la mondialisation. Etude du cas de la République

Démocratique de Congo », *IHECS, DESS en Communication et Développement*, Bruxelles 2006-2007, p.144

25 *Ibid.*, p.44

ayant une dette insoutenable pourront en bénéficier ;

- La classification comme pays pauvre très endetté est soumise à des conditionnalités posées par les créanciers impliquant un caractère plutôt subjectif qu'objectif de l'initiative.

Si telles sont les connaissances disponibles sur la relation entre développement et dette publique, qu'en est-il de la réalité ?

PARTIE 2 : DETTE PUBLIQUE DANS LES PD ET DANS LES PED

On veut vérifier la vérité empirique des théories contradictoires émises sur les impacts de la dette au niveau de la croissance et le développement économique d'un pays aussi a-t-on procéder à une étude comparative entre pays développés et pays en voie de développement (Chapitre 1). On voudrait ici vérifier la première hypothèse qu'on a émis pour mener à bien ce travail. Pour rappel, on cherche donc à déterminer si la structure économique d'un pays influence le rôle de la dette publique dans le développement ou non. Quant à la seconde hypothèse portant plus particulièrement sur le cas des pays en voie de développement, on veut vérifier si l'endettement entraîne réellement une dépendance envers le prêteur réduisant par-là l'initiative du gouvernement local en matière de politique de développement. Aussi a-t-on pris le cas de Madagascar (Chapitre 2). En effet, bon nombre d'auteurs, surtout anti-impérialistes, dénoncent le recours à l'endettement comme source de domination des créanciers. On veut comprendre le mécanisme de cette domination, si domination il y a, dans la réalité.

CHAPITRE 1 : ANALYSE COMPARATIVE DE LA DETTE DES PD ET CELLE DES PED

La dette étant un phénomène mondial : elle concerne aussi bien l'économie des pays développés que celle de pays en voie de développement. Ce qui intrigue ici c'est l'impact de la dette sur le développement. Ainsi on a pris le cas des pays développés et celui des pays en voie de développement. On veut déterminer les raisons pour lesquelles les premiers s'en sortent tandis que les seconds sont engloutis dans un cercle vicieux de l'endettement. On constate en effet que la dette publique de ces pays présente des ressemblances (Section 1) alors pourquoi le résultat sur le niveau de développement diffère-t-il ?

Sûrement que la ressemblance n'est pas parfaite. Peut-être qu'en matière de dette il y a ressemblance mais que la structure économique de chaque pays et la politique économique adoptée par les dirigeants diffèrent d'un pays à un autre expliquant ainsi les différences au niveau du développement (Section 2).

Ainsi, on va procéder à une analyse comparative entre dette des PD et des PED. Les données qu'on va utiliser sont celles de la banque mondiale pour la période de 1975 à 1990. On estime que la période est assez étendue pour bien observer l'évolution de la dette publique.

SECTION 1 : LES RESSEMBLANCES

En ce qui concerne l'évolution de l'endettement, on observe une même tendance (A). Mais plus encore, on constate que la cause de cet endettement est la même (B).

A- Evolution de l'endettement : tendance à la hausse

Aussi bien pour les pays développés que pour les pays en développement, le ratio de la dette sur le PIB ou le PNB ne cesse d'augmenter. On a pris le cas des pays de l'OCDE et celui des pays en voie de développement définis par la Banque Mondiale.

Pour la période 1975 à 1990, le tableau ci-dessous montre qu'il y a une hausse de la dette publique des sept grands pays de l'OCDE passant de 18,2% du PIB nominale en 1975 à 31,5% en 1990. Certes, cette augmentation n'est pas particulièrement élevée mais on peut voir que l'accroissement est plus important depuis les années quatre-vingt : passant de 22,8 en 1981 à 25,7 en 1982 soit une différence d'à peu près trois points. Cette situation peut s'expliquer par la grande récession qu'a connu ces pays suite à l'affaiblissement des activités économiques et à la baisse des recettes fiscales entrainant un déficit budgétaire considérable renforcé par un taux de chômage élevé.

On observe également une augmentation continue de la dette extérieure. On y trouve le même rythme d'accélération dans les années quatre-vingt, ce qui correspond au fait que les récessions dans les pays développés atteignent les pays en développement. Mais pas seulement, il y a également le problème lié à leur exportation dominé par les matières premières et le pétrole et qui subissent une diminution de prix sur le marché mondiale : dégradation des termes de l'échange. C'est ce qui explique l'existence de déficit budgétaire Cette évolution croissante du poids de la dette dans le revenu nationale, aussi bien des pays développés que des pays en développement, s'explique par une même cause.

B- L'origine de la dette publique

Comme on l'a déjà mentionné, le déficit budgétaire est la principale cause du recours à l'endettement. C'est le cas lorsqu'il y a des dépenses non recouvrées par les recettes. *« Et ce n'est pas la dépense qui définit comptablement et budgétairement le déficit mais les ressources qu'on va mobiliser pour financer cet excès de dépense»*[26]. Pour y remédier, il faut donc dégager un excèdent

---

26 IEP Madagascar, *Acte de colloque sur les finances publiques*, publié le 28 mai 2014, disponible sur http://blog.iep-madagascar.com/?p=36, consulté le 28/11/16

budgétaire. Pour y arriver Alfred GREINER[27] explique qu'il existe deux options :

- La première est l'augmentation des recettes par la hausse des recettes fiscales. L'Etat ne serait plus contraint de recourir à l'emprunt mais les agents économiques vont être découragés : les contribuables vont travailler moins, moins investir. Ce qui aboutit à un ralentissement de l'activité économique et donc de la croissance ;

- La seconde consiste à diminuer les dépenses de l'Etat : on la dénomme politique d'austérité. C'est la stratégie de développement imposée par les bailleurs de fonds à la plupart des pays pauvres endettés. Mais on le retrouve également chez certains pays de l'OCDE se trouvant en difficulté. C'était le cas de l'Allemagne qui a dû

---

27 GREINER Alfred, « Endettement et croissance économique », in *La vie économique, revue de politique économique,* vol.3, 2012, p.31

diminuer ses dépenses en investissement public au détriment des charges de la dette

Bref, le déficit public explique le recours à l'endettement mais pas seulement, il existe d'autres variables explicatives. Ces variables par contre ne sont pas les mêmes pour les pays développés et les pays en développement.

SECTION 2 : DISTINCTIONS

On relève une différence sur certaines variables explicatives du niveau d'endettement (A) mais aussi sur l'utilisation de la dette (B).

A- Les variables explicatives du niveau de l'endettement

Ces variables ont été utilisées dans des analyses empiriques menées par différents auteurs et qui ont conclu qu'elles étaient significatives : l'épargne a été le point de départ des travaux d'AVRAMOVIC. Il en a déduit la théorie du cycle de la dette[31] qui comporte trois phases :

- L'épargne interne est insuffisante donc recours aux emprunts pour financer les investissements et payer les intérêts ;

- L'épargne augmente et finance une part significative de l'investissement mais ce n'est pas suffisant ;

- L'épargne interne est plus élevée que les investissements, c'est le déclin de la dette.

Cette théorie explique uniquement le cas des pays développés mais ignore les pays en développement qui sont restés au stade de la première phase. Pour y remédier, AVRAMOVIC avance la notion de « *cycle de longue haleine* ». Il y a certaines caractéristiques qui font que certains pays prennent plus de temps que les autres pour arriver à la dernière étape notamment : un revenu par tête trop faible, un faible rendement du capital, une forte croissance démographique et l'accès aux ressources en devises limité.

Ces précisions montrent à quel point la différence structurelle entre pays développés et pays en développement influence le niveau d'endettement de chaque pays.

Ainsi, le revenu par tête élevé dans les pays développés permet à la population d'épargner et donc d'investir sans entrainer une augmentation significative de la dette. On en déduit donc une relation négative entre le PIB par habitant et le niveau de l'endettement : quand le pays est riche la dette diminue ;

De même, un rendement de capital assez élevé épargnerait le recours à l'emprunt : l'investissement est productif, il peut subvenir à son refinancement. Mais comment le rendre productif ? Les théoriciens du capital humain, notamment le prix Nobel d'économie de 1992 Gary BECKER, avance qu'une main d'œuvre qualifiée est source de plus de productivité. Ils soulignent donc l'importance des investissements dans l'éducation et la formation afin que l'homme puisse optimaliser l'utilisation du capital. On en déduit donc que plus la population est éduquée moins on recourt à la dette ;

La dette est aussi une fonction décroissante de l'accroissement démographique. En effet, les ressources sont rares pour satisfaire les besoins illimités de la population. C'est le principal problème des pays en développement mais ne signifie pas forcément qu'ils doivent recourir à la politique malthusienne, ils ont la possibilité d'exploiter cette abondance de main d'œuvre pour devenir plus productifs, assurer l'autofinancement de leurs investissements et briser le cercle vicieux de la dette ;
Une autre variable importante qui conditionne un faible niveau d'endettement dans un pays est la facilité d'accès aux devises. Ce qui suppose une importante rentrée de devise par les exportations permettant à l'Etat de payer ses créanciers extérieurs sans recourir à la dette et ce n'est pas le cas pour les pays en développement qui se spécialisent dans les matières premières sans diversification de production s'exposant ainsi à la dégradation des termes de l'échange. Un autre aspect de la dette publique qui divise les pays développés et les pays en développement est son utilisation.

B- Utilisation de la dette publique

Comme on l'a vu plus haut, les dettes des pays développés sont exceptionnelles : elles permettent de faire face aux chocs extérieurs et aux crises conjoncturelles mais dans les pays en voie de développement, on observe un endettement systématique : ils empruntent de l'argent frais pour rembourser des anciennes dettes. La doctrine dit que ces pays ne peuvent faire autrement. En effet, les intérêts de la dette pèsent lourdement sur leurs économies qu'ils sont incapables de s'en débarrasser comme le montre le tableau ci-après.

Bon nombre d'auteurs estiment que cette situation satisfait également aux créanciers qui peuvent garder un « outil de domination économique » et un marché sur lequel ils peuvent écouler facilement leur surplus. C'est ce qu'affirme en tout cas Eric BERR qui considère que « *les P.E.D ont déjà largement remboursé leurs dettes puisque les pays du Sud ont transféré au Nord six fois le montant de leurs dettes de 1980 et se retrouvent malgré tout quatre fois plus endettés* [28]». Pour lui, la seule solution serait d'annuler la dette de ces pays. Une mesure techniquement facile à prendre pour les pays du Nord parce que ces dettes ne représentent que 5% des créances mondiales mais c'est la volonté politique qui manque.

Mais à part cette divergence dans leurs affectations, les dettes des pays développés se distinguent de celles des pays en voie de développement par leurs effets sur l'investissement et sur la croissance économique.

L'étude empirique de cette relation a été menée par KRUGMAN (1988) et SACHS (1989)[33]. Ils en ont déduit la théorie du fardeau virtuel de la dette et la courbe de LAFFER de la dette. Elle met en évidence l'existence d'un seuil à partir de laquelle l'endettement entraine un effet négatif sur l'investissement et donc sur la croissance.

---

28 BERR Éric, « La dette des pays en développement : bilan et perspectives », *Université Montesquieu-Bordeaux IV, Document de travail n°82,* (PDF), p.11

A un certain seuil, le pays débiteur ne peut plus rembourser ses dettes sans compromettre le niveau de vie de la population (diminution de l'investissement et de la croissance). Le créancier a donc intérêt à réduire l'encours de la dette. Ceci explique les phénomènes de restructuration et d'annulation partielle de la dette des pays du Sud. Pour les pays de l'UEMOA, ce seuil est estimé à 48% (Aida WADE en 2014), 70% à 80% pour ceux de la zone euro (CHECHERITA et ROTHER en 2010) et 90% pour les pays de l'OCDE (ROGREFF et REINHART en 2010)[29].

Toutefois, ces restructurations n'ont pas abouti parce que la réduction de la dette n'a pas pour véritable objectif de relancer l'investissement et d'améliorer le niveau de vie dans les pays en développement, elle sert uniquement à assurer que le pays débiteur continu à honorer ses engagements. C'est plus une préoccupation des créances non remboursés et de ses intérêts plutôt que de

---

29 WADE Aida, *Impact de la dette publique sur la croissance économique dans la zone UEMOA*, Laboratoire CERDI, UDA Clermont-Ferrand, janvier 2014, p.6

promouvoir le développement économique :
les PED dépensent plus dans les services de la
dette que dans les autres secteurs de dépense.
Bref, la dette publique ne cesse d'augmenter
aussi bien pour les PED que pour les PD mais
contrairement aux premiers, ces derniers y
recourent uniquement pour faire face à la
mauvaise conjoncture et grâce à une structure
économique assez particulière les prêts leur
permettent d'augmenter les épargnes
domestiques qui serviront au remboursement.
Les PED quant à eux ne peuvent qu'assurer
les services de la dette au mépris des dépenses
d'investissement. Ils se retrouvent ainsi dans
une situation d'endettement systématique.
Est-ce que cette raisonnement débouchant sur
un endettement systématique pour les PED,
obstacle au développement économique est-
elle valable dans le cas de Madagascar?

CHAPITRE 2 : LA DETTE PUBLIQUE DANS LE CADRE DU DEVELOPPEMENT ECONOMIQUE

S'intéresser au cas de Madagascar s'avère
opportun avec les débats qui portent
aujourd'hui sur l'utilité ou non de l'aide

internationale. Certes, la dette a été présente dans l'économie malagasy depuis longtemps mais à l'issu de la crise politique de 2009 qui a amené les bailleurs à suspendre les aides pour le développement, l'intérêt pour ces aides internationales a repris de plus bel avec le retour à la stabilité politique de 2013 suite à l'élection présidentielle. Aussi, la période prise pour cette étude de cas a été l'année 2014.

L'analyse de la dette publique malagasy nécessite une brève aperçue de la situation économique. Mais sans entrer dans les détails, on se contentera de l'essentiel : on verra Madagascar comme un pays en voie de développement (Section 1).

Seulement après, on va s'intéresser à l'impact de la dette sur l'économie malagasy. On va confronter la réalité de Madagascar avec celle des PED en général. On constatera alors que Madagascar présente quelques particularités (Section 2).

SECTION 1 : CADRE ECONOMIQUE DE MADAGASCAR

Tous les indicateurs l'indiquent, Madagascar est un pays en voie de développement (A) et comme la majorité des pays appartenant à cette catégorie, la grande île ne peut pas se passer de la dette (B).

A- Madagascar : un pays en voie de développement

Madagascar est classé parmi les pays pauvres de la planète : « *environ 93 % de la population vivent avec moins de deux dollars .La croissance économique est faible (1,8 % par an depuis 1960) alors que la croissance démographique est forte (2,9 % par an), la population étant passée de 5,1 millions d'habitants en 1960 à 22,9 millions en 2013. Près de la moitié de la population est aujourd'hui âgée de moins de 20 ans* »[30].

---

30 FMI, « République de Madagascar », *rapport annuel du FMI* n°15/25, Janvier 2015, (PDF), p.5

La main d'œuvre est en majeure partie employée dans le secteur primaire alors qu'il ne contribue que très peu au P.I.B :

Tableau 1 : Croissance sectorielle et contribution à la croissance du PIB malagasy

Rubriques	Contribution à la croissance du PIB				Croissance annuelle (en pourcentage)		
	2011	2012	2013	2014	2011/2012	2012/2013	2013/2014
Secteur Primaire	-0,2	-0,5	-2,5	0,0	1,5	-6,1	3,3
Secteur Secondaire	0,3	0,7	2,3	0,7	9,2	22,2	8,5
Secteur Tertiaire	-0,8	0,0	-0,5	-0,4	3,0	1,3	2,3

Source : Institut National de la Statistique

Cité par Banque Centrale de Madagascar, Direction de la documentation et des centrales d'informations, Rapport annuel 2014, BCM, Antananarivo Madagascar, 2014, (PDF), p.27

On comprend de ce fait que les exportations soient en majorité des produits bruts notamment : les crevettes, les minerais et les produits des zones franches alors que les importations se constituent en majorité de l'énergie, du riz et du ciment:

Avec de telle tendance, on aboutit forcément à un déficit de la balance commerciale. Le problème est relatif à la dégradation des termes de l'échange : les recettes d'exportation ne couvrent plus le montant des importations. En effet, le prix des produits d'exportation (essentiellement des matières premières) est revu à la baisse tandis que le volume des importations connait un accroissement considérable avec les mesures de détaxation du libreéchange. Cette détaxation diminue les recettes de l'Etat et accroit la demande de devise sur le marché des changes entrainant une dépréciation de la monnaie. Cette dépréciation augmente le prix des importations et devrait donc diminuer son volume mais dans les pays en voie de développement comme Madagascar le volume des produits importés sont peu élastique par rapport au prix (ce sont des biens de première nécessité et de l'énergie qu'il est difficile d'en restreindre la quantité même si le prix augmente). Les manques à gagner fiscaux combinés avec les dépenses croissantes d'importation sont sources de déficit budgétaire. De plus, la dépréciation induit une hausse du montant du service de la dette (remboursement du principal et des intérêts) venant alourdir les charges publiques et donc le déficit public. Le problème de déficit et par conséquent le problème de la dette se base donc sur la structure de nos importations et exportation inélastique par rapport au prix. Cette situation étant difficile à corriger, l'Etat est contraint de trouver un financement pour le combler.

<u>Tableau 2</u> : Financement du déficit budgétaire 2014

Rubriques	2012	2013	2014
Financement du déficit des OGT (base caisse)	294,5	457.1	626.6
Financement intérieur	196,1	223.4	316.6
Système bancaire net	266,2	440.0	117.0
Banque Centrale	93,3	271.0	222.2
Banques commerciales	172,9	169.0	-105.2
Système non bancaire net	-70,1	-216.7	199.6
Système non bancaire (BTA)	-100,6	63.4	16.5
Autres financements	30,5	-280.0	183.1
Financement extérieur	98,5	233.8	309.9
Dont Tirages	167.7	297.1	442.7
Sur prêts projets	167.7	297.1	328.0
Sur prêts programmes	0.0	0.0	114.7
Amortissement	-69.3	-63.4	-132.8

Source : Ministère des Finances et du Budget

Cité par Banque Centrale de Madagascar, Direction de la documentation et des centrales d'informations, *Rapport annuel 2014*, BCM, Antananarivo Madagascar, 2014, (PDF), p.35 On y observe une importance de plus en plus grandissante des dettes publiques extérieures passant de 98,5 en 2012 à 233,8 en 2013 contre 196,1 à 223,4 pour le financement intérieur : en effet, les bailleurs de fonds reviennent progressivement suite à l'élection de 2013. Ce financement extérieur est essentiellement composé des prêts projets donc d'aide publique au développement. Contrairement aux prêts programmes mis à la disposition de l'administration publique et dont l'utilisation relève de sa pleine compétence, les prêts projets sont directement affectés à des projets où le bailleur dispose d'une large initiative. Certes, cela prévient contre les détournements de fonds mais force est de constater que les étrangers peuvent difficilement déterminer les réels besoins de la population. Le développement doit émaner d'une liberté d'initiative des dirigeants locaux. A ce propos, un auteur affirmait : *« la liberté est la substance de l'esprit…L'activité est son essence »*. L'activité (organisation, production,…) étant la base du développement, elle doit être la concrétisation de la volonté du peuple. Malheureusement, l'endettement extérieur ne permet pas ce développement surtout lorsqu'il s'agit des prêts à des conditions favorables (la plupart sont concessionnels). S'ils sont essentiels parce qu'ils permettent à l'Etat de recourir à d'autres emprunts, ils réduisent les marges de manœuvre des décideurs locaux. La dette devient alors un problème.

B- Madagascar : un pays endetté

Graphique 3 : Evolution de l'encours de la dette totale de 2009 à 2013 (En milliard MGA)

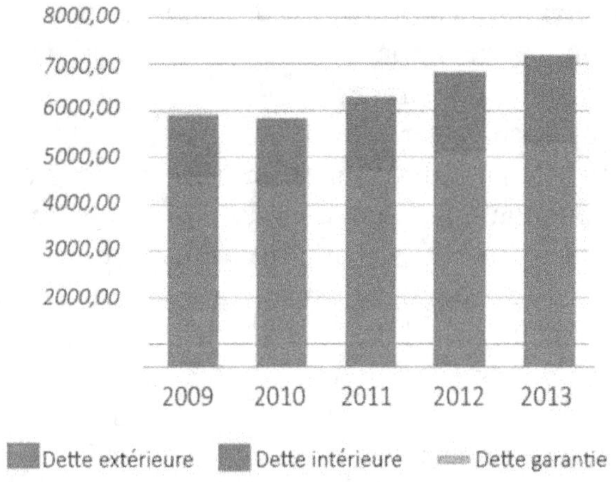

Source : MFB, Direction Générale du Trésor, Direction de la Dette Publique, *Bulletin Statistique de la Dette n°1*, Ambatonakanga Antananarivo, Août 2014, p.3

On ne peut nier que le niveau de la dette extérieure soit largement supérieur à celui de la dette intérieure. Mais contrairement aux autres PED, les dettes extérieures de Madagascar sont en majorité à taux fixe :
Graphique 4 : Portefeuille de la dette par taux d'intérêt

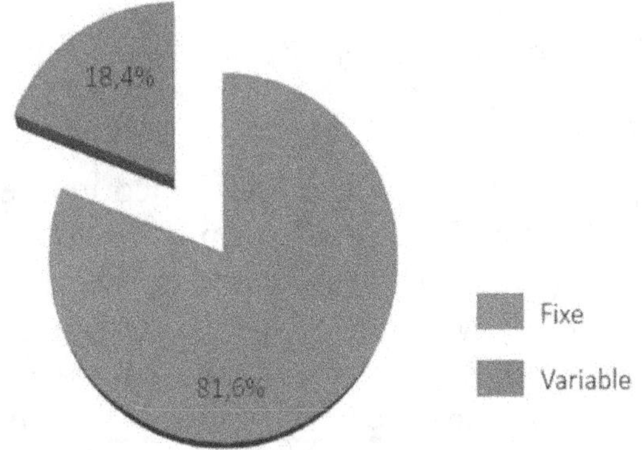

Source : MFB, Direction Générale du Trésor, Direction de la Dette Publique, *Bulletin Statistique de la Dette n°1*, Ambatonakanga Antananarivo, Août 2014, p.3
C'est rassurant puisque les politiques monétaires des créanciers n'influence donc pas le montant de service de la dette. Cette structure de la dette fait que l'endettement de Madagascar soit un peu particulier.

SECTION 2 : CAS PARTICULIER DE LA DETTE MALAGASY

La dette malagasy présente quelques particularités aussi bien dans son remboursement (A) que dans son utilisation (B).

A- Remboursement de la dette publique extérieure

Contrairement à l'hypothèse théorique émis sur le sujet, la somme de remboursement des intérêts pour Madagascar ne dépasse pas celle des amortissements. Avec cette statistique, les dirigeants ne pourront pas demander une annulation de la dette extérieure, la solution de répudiation de la dette n'est donc pas envisageable.

<u>Graphique 5</u> : Service de la dette publique extérieure de 2009 à 2013

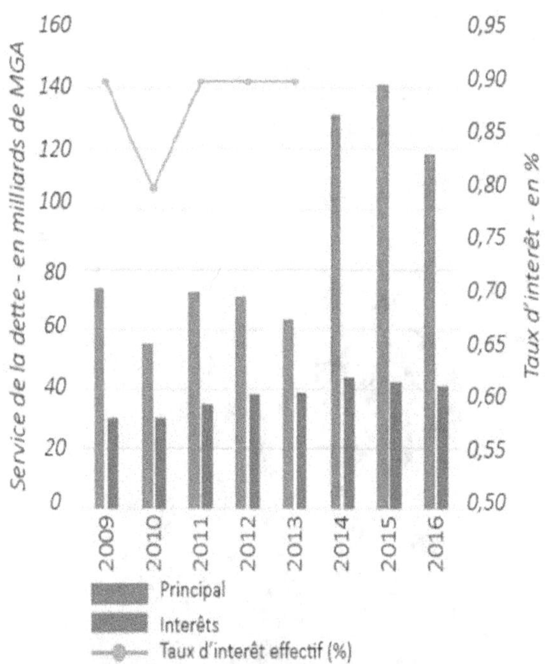

<u>Source</u> : MFB, Direction Générale du Trésor, Direction de la Dette Publique, *Bulletin Statistique de la Dette n°1*, Ambatonakanga Antananarivo, Août 2014, p.5

On doit essentiellement des dettes à des organismes multilatérales comme la BAD et l'IDA : ces prêts sont accordés avec des conditions très favorables mais l'échéance étant de plusieurs années, il est souvent difficile au débiteur de s'en débarrasser.

<u>Graphique 6</u> : Répartition de la dette publique extérieure par créanciers

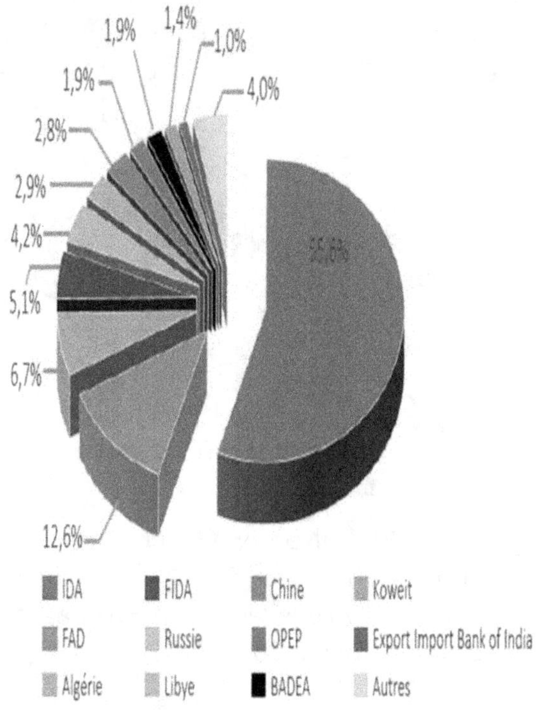

<u>Source</u> : MFB, Direction Générale du Trésor, Direction de la Dette Publique, *Bulletin*

Statistique de la Dette n°1, Ambatonakanga
Antananarivo, Août 2014, p.5
De ce point de vue, nos dettes sont essentiellement libellées en dollars américains (à 53,2%). Cela aurait posé problème si nos emprunts étaient à majorité contractés à des taux variables mais ce n'est pas le cas. En apparence donc, la dette publique à Madagascar ne menace pas particulièrement la croissance et le développement, techniquement ils sont remboursables. Les statistiques montrent une situation assez tolérable sur le plan financier mais c'est sur le plan idéologique et politique qu'apparait le danger : les conditionnalités imposées par les bailleurs aux pays endettés peuvent compromettre la politique économique qui doit affirmer la souveraineté d'un pays et permettre son développement.

Une autre particularité de l'endettement malagasy en est son utilisation.

B- L'utilisation de la dette malagasy

<u>Graphique 7</u> : Décaissement sur prêts extérieurs par secteur bénéficiaire en 2013

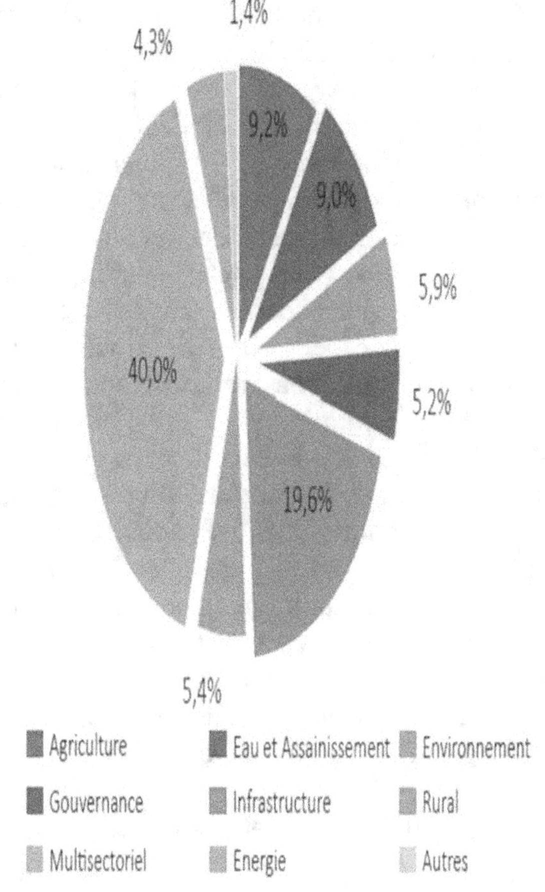

<u>Source</u> : MFB, Direction Générale du Trésor, Direction de la Dette Publique, *Bulletin*

Statistique de la Dette n°1, Ambatonakanga
Antananarivo, Août 2014, p.6
On voit qu'une grande partie de cette dette, le quart a été consacré à la construction des infrastructures. Cette politique correspond à la théorie de Robert BARRO et pourrait être une bonne stratégie de développement si les projets correspondent réellement aux besoins de la population. Il faut éviter de gaspiller les ressources dans des projets trop ambitieux comme les éléphants blancs de la deuxième république.

La seconde priorité dans ces projets est l'agriculture. Cette préoccupation de l'Etat peut se justifier par une politique économique qui veut exploiter au maximum les avantages comparatifs malgaches en matière agricole : l'abondance des terres et l'existence d'une main d'œuvre. Mais comme les infrastructures, il faut s'assurer que ces investissements soient rentables. Il faut veiller à améliorer la productivité des agriculteurs. Et en se référant à la théorie, il serait indispensable de relever les qualifications du capital humain. Certes, des formations professionnels font timidement leurs apparition mais ce n'est pas assez pour lancer une croissance dans ce secteur, il faudrait l'appui de l'Etat par des subventions, des assistances techniques et matérielles (l'accès aux crédits agricoles, la garantie et promotion de la propriété foncière…)

Bref, la dette publique malagasy est tolérable au niveau technique : il n'y a pas risque de non remboursement. Le problème se pose au niveau politique : la prise de décision concernant l'utilisation de cette dette échappe pour la plus grande part aux décideurs nationaux et dans le peu de cas où ils ont cette initiative, une question sur l'optimisation des dépenses publiques financées par ces prêts subsiste.

CONCLUSION

L'endettement est un phénomène mondial. Il y avait au début le débat entre classique et keynésien portant sur l'opportunité ou non de la dette pour développer une économie. Mais la réalité montre que ce questionnement ne se pose plus : on admet la nécessité de la dette mais il faut prendre garde à ce qu'elle ne soit pas excessive : freinant ainsi la croissance et l'investissement et bloquant le pays débiteur dans un cercle vicieux de l'endettement. Malheureusement, bon nombre de pays sont déjà pris dans ce cycle infini, le débat se déplace sur comment le rompre et qui en est responsable, qui doit agir. C'est dans ce cadre que des critiques sont adressées aux créanciers soupçonnés de profiter de la dette pour exploiter sous une forme néocoloniale le débiteur. Répondant à ces accusations les prêteurs de fonds estiment que ce sont les mauvaises gouvernances des pays du Sud qui en sont responsable. Ils imposent donc à ces derniers des politiques économiques de rigueur afin de les sortir de cet endettement systématique.

Mais ces mesures drastiques n'ont pas abouti à des résultats palpables, des échecs pleuvent et il n'y pas encore d'autres solutions avancées pour résoudre le problème. Certains auteurs insistent pour que les pays du Nord annulent tout simplement et intégralement ces dettes. C'est facile à dire mais concevoir cela en pratique relèverait d'un vrai défi : il faut le rappeler, les dirigeants du Nord dirigent eux aussi des Nations et pour entreprendre une telle action, peutêtre minime sur le plan financier, ils ont quand même besoin de l'acceptation et de la légitimation du peuple. Et en matière de dette, c'est une partie de leur richesse nationale qu'ils accordent à ces pays débiteurs. Plutôt que d'espérer de tels actes qui ne se produiront probablement jamais, les gouvernants du Sud doivent faire en sorte que l'économie de leurs pays ne soit pas trop dépendante de la dette extérieure. Faire en sorte de maximiser leurs politiques avec le peu de moyen qu'ils ont à leur disposition. Tout se ramène à une question de bonne gouvernance et surtout une bonne gestion des dépenses publiques.

BIBLIOGRAPHIE

o OUVRAGES ET MANUELS :

- BRUNEL Sylvie, *Le gaspillage de l'aide publique*, Seuil, février 1993, 165p.

- DEBLOCK Christian, KAZI AOUL Samia, *La dette extérieure des pays en développement*, UQAM, Montréal, 181p.

- DEMBINSKI Pawel H., *L'endettement international*, PUF, 1989, 125p.

- DIOUBATE Badara, *Bonne gouvernance et problématique de la dette en Afrique Le cas de la Guinée*, L'Harmattan, 2011, 287p.

- GANNAGE Elias, *Economie de l'endettement internationale, théorie et politiques*, PUF, 1994, 235p.

- GUILLAUMONT Patrick, GUILLAUMONT Sylviane, *Ajustement structurel, ajustement informel, cas du Niger*, L'Harmattan, Paris, 1991, 311p.

- MONTOUSSE Marc, *Nouvelles théories économiques*, Collection thèmes et débats, Bréal, 2003, 125p.

-       NAKA Léon, *Le recours à l'emprunt extérieur dans le processus du développement*, L'Harmattan, PUSAF, 1986, 230p.

-       RAFFINOT Marc, *Dette extérieure et ajustement structurel*, EDICEF, 1991, 221p.

-       RAFFINOT Marc, *La dette des tiers mondes*, La Découverte, Paris, 1993,121p.

o   RAPPORTS D'ETUDE :

-       FMI, *Madagascar économique 2015*, rapport du FMI n°15/24, janvier 2015, 62p. (PDF)

-       Banque Centrale de Madagascar, Direction de la documentation et des centrales d'informations, *Rapport annuel 2014*, BCM, Antananarivo Madagascar, 2014, 150p. (PDF)

-       INSTAT Madagascar, *Tableau de bord*, Juillet 2014, n°16, Antananarivo, 35p. (PDF)

-       MFB, *Le Budget des citoyens LFR2016*, 21p. (PDF)

-       MFB, Direction Générale du Trésor, Direction de la Dette Publique, *Bulletin Statistique de la*

Dette n°1, Ambatonakanga Antananarivo, Août 2014, 8p. (PDF)

o   MEMOIRES ET THESES :

-    MUSIMBI MBU MISCH Michel, *La dette des pays pauvres très endettés, Une menace pour la protection des droits sociaux à l'ère de la mondialisation*, Etude du cas de la RDC, IHEC, 70p.

o   ARTICLES :

-    AVOM Désiré, NDEFFO Luc N., KENGDO Arsène A.N., « La dette extérieure sujette pour la croissance économique et l'investissement ? », *LAREQ Working Paper Series*, II-004, December 2015, 1 – 24, 26p. (PDF)

-    BERR Éric, « La dette des pays en développement : bilan et perspectives », *Université*
Montesquieu-Bordeaux IV, Document de travail n°82, 16p. (PDF)

-    GREINER, « Endettement et croissance économique », in *La vie économique, revue de politique économique*, vol.3, 2012, pp.31-33 (PDF)

- KASSE Moustapha, « La dette de l'Afrique : quelle question après les PPTE ? », 11p. (PDF)

- PATILLO Catherine, POIRSON Hélène, RICCI Lucca, « Dette extérieure et croissance », *extrait du bulletin du FMI, Finances et développement*, Juin 2002, pp.32-35 (PDF)

- SAMIRA Nacef, « La capacité de servir la dette des Pays En Développement », *Rapport de recherche*, département des sciences économiques, faculté des arts et des sciences, Université de Montréal, juillet 1997, 59p.

- WADE Aida, « Impact de la dette publique sur la croissance économique dans la zone UEMOA », *Laboratoire CERDI, UDA Clermont-Ferrand*, janvier 2014, 23p. (PDF)

  o LEXIQUES ET DICTIONNAIRES

- BEITONE A., CAZORLA A., DOLLO C., DRAI A.-M., *Dictionnaire des*

sciences économiques, Armand Colin,
Paris, 2001